AF341654

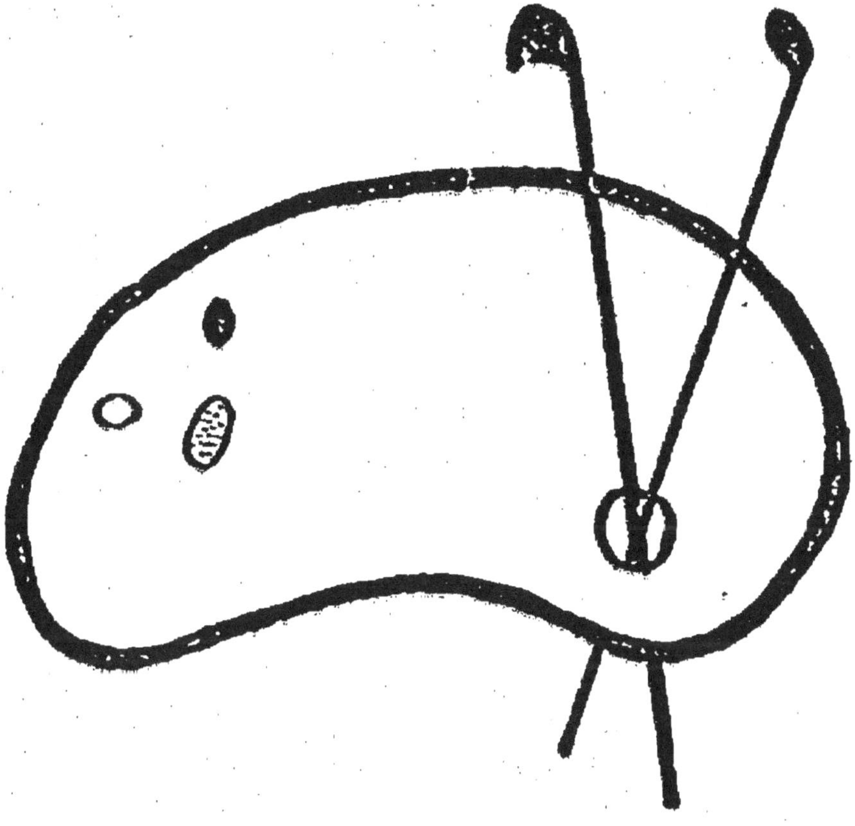

DEBUT D'UNE SERIE DE DOCUMENTS
EN COULEUR

8° F
8916.

DES ÉTATS

SUR

TRANSCRIPTION

(SUPPLÉMENT)

PAR

A. BEAUVALLET

CONSERVATEUR DES HYPOTHÈQUES

PRIX : 2 FR. 10

TOURS

IMPRIMERIE PAUL BOUSREZ

1894

TOURS, IMPRIMERIE PAUL BOUSREZ

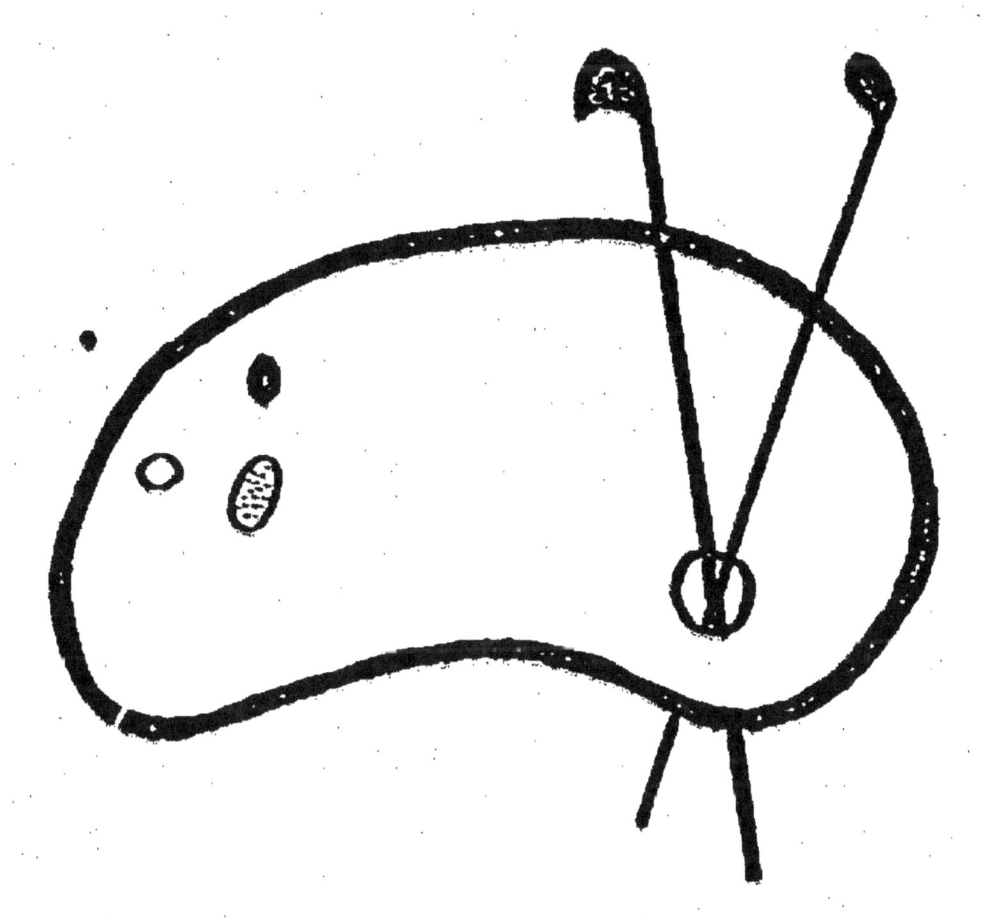

FIN D'UNE SERIE DE DOCUMENTS
EN COULEUR

DES ÉTATS

SUR

TRANSCRIPTION

(SUPPLÉMENT)

8° F
8916

DES ÉTATS

SUR

TRANSCRIPTION

(SUPPLÉMENT)

PAR

A. BEAUVALLET

CONSERVATEUR DES HYPOTHÈQUES

TOURS

IMPRIMERIE PAUL BOUSREZ

—

1894

DES ÉTATS

SUR

TRANSCRIPTION

(SUPPLÉMENT)

I. — L'état sur transcription est-il une innovation de la pratique, contraire à la loi ?

II. — Quel est le rôle du conservateur ?
Les parties sont-elles tenues de fournir une réquisition complète par elle-même, ou peuvent-elles renvoyer l'agent certificateur au contrat transcrit, pour y puiser, à ses risques et périls, les renseignements correspondant à la demande ?
Peuvent-elles demander un état sur tous les précédents propriétaires connus du conservateur par ses registres ?
Peuvent-elles limiter leurs réquisitions ?
Quelles sont les inscriptions subsistantes de l'article 2196 du Code civil ?
Quels sont les personnes et les biens répondant à la réquisition ?

Tel est l'objet de cette étude. Après avoir énuméré les principales lois hypothécaires, nous transcrirons quelques textes, puis nous donnerons la doctrine et la jurisprudence ; nous exposerons les principes qui régissent la mission du conservateur des hypothèques et l'interprétation des lois, nous en déduirons les règles des états sur transcription, enfin nous terminerons par un résumé de ces règles.

---

§ 1er. — LOIS HYPOTHÉCAIRES

1. — Le nantissement, l'insinuation avec le décret forcé, le décret volontaire et les lettres de ratification constituaient les modes de publicité et de purge de l'ancien droit français. Survint ensuite le décret du 9 messidor an III, resté sans application. La publicité devait être basée sur le sol lui-même, en quelque sorte individualisé au moyen de déclarations foncières obligatoires au bureau de la conservation des hypothèques, et mobilisé par des cédules susceptibles de circulation.

2. — La loi du 11 brumaire an VII établit la publicité des actes translatifs, par la transcription ; celle de l'hypothèque, par l'inscription, et substitua les personnes aux déclarations foncières. Le nom du propriétaire devint, au lieu de l'immeuble, le centre de cette publicité. La spécialisation ne fut prescrite que pour les hypothèques conventionnelles ; les hypothèques légales et judiciaires en furent dispensées (Art. 17).

3. — Le Code civil maintient l'article 17 de la loi de brumaire, admet des privilèges et des hypothèques occultes et ne conserve à la transcription son efficacité que pour les donations et les substitutions (Art. 939, 941, 1069, 1070, 1071). Quant aux aliénations à titre onéreux, la propriété se transmet *erga omnes* par la seule force du contrat qui suffit pour rendre forclos les créanciers conventionnels et judiciaires alors non inscrits, et ceux n'ayant acquis une hypothèque légale que postérieurement (Art. 2134, 2166). La transcription n'a plus d'autre objet que de préparer la purge et de faire courir la prescription décennale du droit d'hypothèque (Art. 2180 et 2181).

4. — L'article 834 du Code de procédure civile, par une véritable inconséquence, sans imposer à l'acquéreur aucune nouvelle condition d'investiture, accorde aux créanciers pourvus d'un droit d'hypothèque antérieur au contrat d'aliénation, un délai de quinze jours à partir de sa transcription, pour l'inscrire.

5. — Deux lois des 2 juin 1841 et 21 mai 1858 ont successivement remplacé les dispositions du Code de procédure civile, relatives à la saisie immobilière.

6. — Différentes lois spéciales, notamment celle du 3 mai 1841, gouvernent les expropriations pour cause d'utilité publique.

7. — Enfin une loi du 23 mars 1855, complétée par celle du 13 février 1889, rend à la transcription son triple objet.

------

§ 2. — TEXTES DE DIVERSES LOIS

8. — **Loi du 11 brumaire an VII.** — Art. 51. Les conservateurs des hypothèques sont tenus de délivrer, quand ils en sont requis, la copie des actes transcrits sur les registres, ainsi que l'état des inscriptions subsistantes, ou le certificat qu'il n'en existe aucune.

Art. 52. Ils sont responsables du préjudice qu'occasionneraient :

1° Le défaut de mention, sur leurs registres, des transcriptions d'actes de mutation, et des inscriptions requises en leurs bureaux ;

2° L'omission qu'ils feraient, dans les certificats qui leur seraient demandés pour constater les inscriptions existantes, de l'une ou de plusieurs de celles requises antérieurement, à moins que, dans ce dernier cas, l'erreur ne provienne d'une désignation insuffisante qui ne pourrait leur être imputée.

Art. 53. Au moyen de la responsabilité prononcée par l'article précédent, l'immeuble, à l'égard duquel le conservateur aurait omis une ou plusieurs des charges inscrites, en demeure affranchi dans les mains du nouveau possesseur, pourvu qu'il ait requis ce certificat depuis la transcription de l'acte de mutation, sauf néanmoins aux créanciers le droit de faire colloquer leurs créances suivant le rang qui leur appartient, tant que le prix n'a point été payé au vendeur, ou que l'ordre et distribution n'a point été fait entre les autres créanciers.

Le conservateur sera subrogé de droit aux actions que les créanciers, qu'il aurait été obligé de payer, avaient contre le débiteur originaire.

Art. 54. Dans aucun cas, les conservateurs des hypothèques ne pourront refuser ni retarder les transcriptions d'actes de mutation, les inscriptions ou la délivrance des certificats qui seront requis conformément aux lois, à peine de répondre des dommages-intérêts des parties.

9. — **Code civil.** — Art. 2196. Les conservateurs des hypothèques sont tenus de délivrer, à tous ceux qui le requièrent, copie des actes transcrits sur leurs registres et celle des inscriptions subsistantes, ou certificat qu'il n'en existe aucune.

Art. 2197. Ils sont responsables du préjudice résultant :

1° De l'omission sur leurs registres, des transcriptions d'actes de mutation et des inscriptions requises en leurs bureaux ;

2° Du défaut de mention, dans leurs certificats, d'une ou de plusieurs des inscriptions existantes, à moins, dans ce dernier cas, que l'erreur ne provint de désignations insuffisantes qui ne pourraient leur être imputées.

Art. 2198. L'immeuble à l'égard duquel le conservateur aurait omis dans ses certificats une ou plusieurs des charges inscrites en demeure, sauf la responsabilité du conservateur, affranchi dans les mains du nouveau possesseur, pourvu qu'il ait requis le certificat depuis la transcription de son titre ; sans préjudice néanmoins du droit des créanciers de se faire colloquer suivant l'ordre qui leur appartient, tant que le prix n'a pas été payé par l'acquéreur, ou tant que l'ordre fait entre les créanciers n'a pas été homologué.

Art. 2199. Dans aucun cas, les conservateurs ne peuvent refuser ni retarder la transcription des actes de mutation, l'inscription des droits hypothécaires, ni la délivrance des certificats requis, sous peine des dommages et intérêts des parties ;...

Art. 2202. Les conservateurs sont tenus de se conformer, dans l'exercice de leurs fonctions, à toutes les dispositions du présent chapitre, à peine d'une amende de...; sans préjudice des dommages et intérêts des parties, lesquels seront payés avant l'amende.

10. — Code de procédure civile. — ... 1. TEXTE PRIMITIF. — Art. 695. Un exemplaire du placard imprimé prescrit par l'article 684 sera notifié aux créanciers inscrits,...

... 2. TEXTE INTERMÉDIAIRE. Loi du 2 juin 1841. — Art. 692. Pareille sommation (de prendre communication du cahier des charges) sera faite, dans le même délai de huitaine, aux créanciers inscrits sur les biens saisis,...

... 3. TEXTE ACTUEL. Loi du 21 mai 1858. — Art. 692. Pareille sommation (de prendre communication du cahier des charges) sera faite, dans le même délai de huitaine, outre un jour par cinq myriamètres :

1° Aux créanciers inscrits sur les biens saisis,...

§ 3. — DOCTRINE ET JURISPRUDENCE

I. — L'ÉTAT SUR TRANSCRIPTION

EST-IL UNE INNOVATION ILLÉGALE DE LA PRATIQUE ?

11. — Direction générale de l'enregistrement. — Aux
termes de l'article 31 de la loi du 11 brumaire an VII, sur les expropriations forcées, à l'ouverture du procès-verbal d'ordre, il devait
être remis au greffe un état certifié par le conservateur des hypothèques, de « toutes les inscriptions existantes sur les biens aliénés »,
et, en vertu des deux lois du 11 brumaire, suivant que les parties
avaient requis sur « un particulier » ou sur « un immeuble par lui
vendu », on délivrait copie de « tous » les enregistrements « concernant ce grevé », ou de toutes les inscriptions existantes sur « les biens
immeubles par lui aliénés ».

D'après l'édit de juin 1771, les conservateurs étaient admis à
délivrer des extraits isolés des oppositions, qu'ils accompagnaient
lorsqu'ils en étaient requis, d'un certificat donnant ouverture à un
salaire particulier, et constatant qu'il n'en existait pas d'autres
sur le grevé que celles dont ils avaient expédié les extraits sous
tels numéros ; mais ce mode ne peut plus être suivi aujourd'hui,
d'après la disposition précise des articles 51 et 52 de la loi sur le
régime hypothécaire, et 31 de celle sur l'expropriation forcée, puisque, dans ces cas, ils doivent fournir « l'état » des inscriptions
subsistantes (Circ. du 26 pluviôse an VIII, n° 1769).

12. — Dans les états sur ventes d'immeubles, le conservateur relève
les précédents propriétaires, « d'après le titre de mutation », en
remontant jusqu'au décret volontaire ou forcé, aux lettres de ratification ; et sauf, pour « le passé », la *vérification* des inscriptions pour
douaires ou substitutions que les lettres de ratification *ne purgeaient
pas*, d'après les articles 32 et 33 de l'édit de juin 1771 (Circ., 3 germinal an VIII, n° 1791).

13. — Il faut distinguer entre les états demandés des inscriptions
existantes sur un immeuble désigné, et ceux requis seulement des
inscriptions prises sur un individu.

Dans le premier cas, on ne doit délivrer que l'état des inscriptions
qui grèvent réellement cet immeuble dans la personne des propriétaires actuels et des anciens possesseurs.

Dans le second, il faut expédier généralement toutes les inscriptions prises sur l'individu désigné (Déc. min. fin.,17 ventôse an XIII, Instr. 316, n° 11).

14. — Le ministre des finances, consulté sur la question de savoir si, pour un certificat de *non-inscription* sur une vente d'immeubles consentie par plusieurs individus, on devait passer en taxe autant de fois un franc qu'il y a de vendeurs ou d'anciens propriétaires sur lesquels il serait encore nécessaire de purger, ou seulement un seul droit de un franc, a statué comme suit le 25 juin 1811 : « Le droit de un franc doit être alloué autant de fois qu'il y a de vendeurs et d'anciens propriétaires sur lesquels il y a nécessité de purger, conformément à ma décision du 8 thermidor an VIII, qui reste maintenue. Les conservateurs doivent apporter le plus grand soin à ne faire remonter leurs recherches qu'aux ventes qu'il est nécessaire de purger (1). » (Instr. 530; Dalloz, J. G. *Priv. et hyp.*, 2198; *Code civ. annoté*, 2196-30).

15. — La même décision règle la forme et les salaires des certificats à la suite de la transcription d'un acte de mutation, délivrés en deux temps, l'un au moment de la transcription, l'autre après l'expiration du délai accordé par l'ancien article 834 du Code de procédure civile (2), et considère le second comme « un simple état supplémentaire ».

16. — Sauf cette dérogation, les ministres de la justice et des finances ont émis l'avis, les 9 novembre et 8 décembre 1813, que les conservateurs ne pouvaient être tenus de délivrer aucun état « partiel » d'inscriptions (Instr. 655).

17. — A la suite de réclamations accueillies par les tribunaux, il a été reconnu que le Code civil consacre, dans l'intérêt des parties, le principe de la publicité des hypothèques, en ce sens que tout particulier a la faculté de se faire délivrer, selon qu'il le trouve utile à ses intérêts personnels, la copie soit d'actes transcrits, soit d'inscriptions consignées sur les registres ; mais qu'il ne résulte pas de cette faculté l'obligation, pour les parties, de recevoir des copies d'actes dont elles ne croient pas avoir besoin, et dont elles n'ont pas requis la délivrance.

En cas de demande d'un état partiel d'inscriptions, le conservateur

---

(1) Il convient de suivre sans aucune initiative les indications contenues dans la réquisition des parties.

(2) Le plus souvent il n'existait qu'un seul état contenant, indépendamment des charges hypothécaires existantes au jour de la transcription, celles survenues pendant la quinzaine qui suit cette transcription (Hervieu, p. 278-4; Dalloz, J. G. *Priv. et hyp.*, 2918; D. E. 2e éd., v° *hyp.*, 705 ; Vuarnier, 1116).

peut mettre sa responsabilité à couvert, en constatant en termes positifs, sur ce même état, qu'il ne comprend, d'après la réquisition spéciale des parties, que les inscriptions depuis telle époque jusqu'à telle autre époque. Il n'y a pas à craindre qu'un état rédigé dans des termes aussi expressément limitatifs, puisse être considéré par personne comme un état de toutes les inscriptions existantes.

Par suite, les ministres des finances et de la justice ont pensé que « dans la délivrance des états d'inscriptions à fournir, les conservateurs des hypothèques doivent se conformer à la volonté clairement manifestée par les parties requérantes » (Instr. 19 juin 1822, n° 1046).

18. — Auteurs divers. — Les états d'inscriptions reçoivent dans l'usage diverses dénominations ; on distingue entre autres : 1° l'état individuel ; — 2° l'état sur immeuble désigné ; — 3° l'état pour purger ou sur transcription ; — 4° l'état général ; — 5° l'état partiel,... complémentaire,... supplémentaire ; — 6° le certificat négatif ; — 7° l'état sur purge légale (Dalloz, *J. G. Priv. et hyp.*, 2903 à 2906 ; *Code civ. annoté*, 2196-24 ; Mourlon, *Traité théorique et pratique de la transcr.*, 383 ; Verdier, *Transcr. hyp.*, 2° éd., 518 ; Vuarnier, *Traité de manutention*, 4097, 4114 ; Géraud, *Dict. de compt.*, 2° éd., v° *hyp.*, 3798, 3799 ; *Dict. de l'enreg.*, 3° éd., v° *hyp.*, 323 ; Garnier, *Rép. gén.*, 7° éd., v° *hyp.*, 719, 723, 726 ; Hervieu, *Dict. des priv. et hyp.*, éd. 1863-1878, p. 273 et suiv.) ; — 8° l'état sur saisie. — V. 30 et suiv.

19. — Journal des Conservateurs. — A s'en tenir à la lettre même de la loi, il n'y a pas place à plusieurs classes d'états ; le triage des inscriptions, en tant que grevant certains immeubles, appartient aux parties seules.

Si par tolérance on admet des certificats sur contrats transcrits, les conservateurs doivent « les former », sans se préoccuper de la date, qui peut d'ailleurs être mal indiquée, des actes d'aliénation.

Dans un grand nombre de cas, la vente peut être radicalement nulle et déclarée telle *ab initio*, en sorte que les hypothèques survenues contre le vendeur, postérieurement à la vente, ont fait impression sur les biens, objet de cette vente. Leur omission dans les états du conservateur pourrait grièvement le compromettre (150, 439).

20. — Dans la pratique on distingue quatre sortes d'états : 1° l'état individuel ; — 2° l'état sur immeubles désignés ; — 3° l'état sur transcription ; — 4° l'état sur purge légale.

Chacun d'eux a ses règles propres basées sur la loi et la jurisprudence des tribunaux (1195. — *Comp.* 2108 *bis*).

21. — Revue hypothécaire. — On ne reconnaît en matière d'états hypothécaires que l'état individuel et l'état sur transcription.

L'état individuel est général ou restreint à certains immeubles ; il n'y a aucune difficulté à sa délivrance puisqu'il doit toujours indiquer, d'une manière claire et précise, la période de temps qu'il embrasse, les noms de ceux dont on veut connaître la situation et les immeubles pour lesquels la restriction a lieu (Jalouzet, 383).

22. — L'arrêt de la Cour de Riom, du 1er mars 1893, fixe, avec une netteté remarquable, les principes sur la matière ; c'est la condamnation complète de l'état sur transcription et le retour pur et simple au texte légal : l'état de toutes les inscriptions ou le certificat négatif prévu par l'article 2196 du Code civil, ainsi que nous n'avons cessé de le réclamer (Jalouzet, 1104).

23. — Il va de soi qu'il n'y a jamais lieu de délivrer l'inscription d'hypothèque conventionnelle prise sur tels et tels biens autres que l'immeuble vendu, ou l'inscription d'hypothèque judiciaire exceptant nommément le bien vendu.

Même avec cette restriction indispensable, la théorie de la Cour de Riom n'en aboutit pas moins à la suppression des états sur transcription, puisque la caractéristique de ces états gît dans l'obligation, imposée au conservateur, de tenir compte des dates de dépossession (Paul Legrand, 1179).

24. — L'état sur transcription est absolument légal lorsque tous les renseignements sont contenus dans la réquisition (René Lambert, 1209).

25. — Jurisprudence. — V. *infra.*

II. — ROLE DU CONSERVATEUR

A. — Dépouillement de l'origine de propriété

26. — Mourlon. — Lorsque l'acte transcrit ne contient point l'établissement de la propriété, ce qui arrive fréquemment dans les ventes sous seings privés, le requérant doit, dans sa réquisition, indiquer les noms et prénoms des anciens propriétaires de l'immeuble aliéné (386, 387, 388).

27.—Verdier.— Le conservateur est obligé de fournir un état sur toutes les personnes qui sont désignées dans l'acte transcrit, sans qu'il soit nécessaire, pour l'acquéreur, de les indiquer dans sa réquisition. Celui-ci peut se borner à réclamer un état sur la transcription qui a été effectuée. Cela suffit pour que le conservateur doive, sous sa propre responsabilité, faire les recherches nécessaires dans l'acte de vente, et délivrer un état sur tous les précédents propriétaires qui y sont dénommés. Le requérant, en se référant à cet acte, donne des indications suffisantes au conservateur ; c'est, par conséquent, à ce préposé à les puiser là où elles se trouvent. Il doit se conformer à la volonté des parties, quand elle est clairement exprimée. Si, de ces deux documents produits par l'acquéreur, il résulte des inexactitudes ou des oublis, ils ne sont plus alors imputables au conservateur ; mais, hors de là, il est responsable, si l'acte contient tous les renseignements nécessaires (512).

27 *bis*. — Garnier, Rép. gén.— Presque toujours le requérant se réfère à l'origine de propriété renfermée dans l'acte transcrit. Celui-ci joue alors le rôle attribué à la réquisition dans les états individuels : il fait la loi du requérant et du conservateur (730).

28. — Revue hypothécaire. — Aucun texte de loi n'a obligé les conservateurs à dépouiller, sous leur responsabilité, les actes qui leur sont remis, ce qui est une source constante de difficultés (Jalouzet, 591 § V, 711, 779, 905, 1016, 1055, 1122, p. 152 ; René Lambert, 1209. — *Contra*, Jalouzet, 383).

29. — Jurisprudence. — (Abbeville, 30 juin 1856, *Rev. hyp.*, 1016).
Une réquisition contre les vendeurs-*propriétaires* ne présente pas une précision suffisante pour permettre d'y répondre :

« Attendu que s'il est du devoir du conservateur de délivrer les certificats qui lui sont demandés d'après ses registres, il est pour cela nécessaire que les requérants expriment clairement dans leur demande ce qu'ils veulent, de manière à ce que le conservateur n'ait qu'un seul relevé à faire sur ses registres, en ce qui concerne les personnes qui lui sont désignées ;

« Attendu que les expressions sur les vendeurs-propriétaires n'indiquent pas quels sont parmi les vendeurs figurant au contrat ceux que le requérant considère comme propriétaires, quels sont ceux qui, selon lui, sont vendeurs sans être propriétaires ; que la réquisition n'a donc pas le degré de précision suffisante pour que le conservateur puisse satisfaire à cette demande par un simple relevé de ses registres ;

« Attendu que pour savoir à qui s'applique cette demande, il faudrait que le conservateur se livrât à l'étude du contrat de vente et à la recherche des personnes qui, d'après le contrat, peuvent être réputées vendeurs sans avoir de propriété ; que c'est là une appréciation des droits que chacun des vendeurs pouvait avoir sur la chose vendue, et à laquelle il n'est pas tenu de se livrer par ses fonctions ;

« Attendu que dans cette appréciation il serait susceptible de commettre des erreurs ; que la réquisition ne peut donc être admise dans les termes où elle est faite, parce qu'elle augmente son travail et ses chances de responsabilité ;... »

Ce jugement est une décision d'espèce, conforme aux véritables principes. Ce n'est pas, en effet, au conservateur à apprécier quelles peuvent être les personnes susceptibles d'être réputées vendeurs sans avoir de propriété, à se livrer à l'examen de questions étrangères à ses fonctions. Le requérant a seul capacité pour les résoudre.

B. — RÉQUISITION PORTANT SUR LES PRÉCÉDENTS PROPRIÉTAIRES

CONNUS DU CONSERVATEUR

30. — Une difficulté particulière se présente en matière de saisie. Comment le poursuivant pourra-t-il adresser aux créanciers inscrits les sommations prescrites par l'article 692 du Code de procédure civile, s'il ne les connaît pas, si le saisi refuse de lui donner des renseignements sur l'origine de propriété ?

31. — **Chauveau, Formulaire de procédure civile,** 2e éd. — Ces sommations doivent être faites indistinctement *à tout* créancier inscrit sur l'immeuble. C'est au conservateur des hypothèques, à qui un certificat de toutes les inscriptions grevant l'immeuble, de quelque chef que ce soit, est réclamé, à faire les travaux et les relevés nécessaires pour que l'article 692 puisse être exécuté (592, note 2 ; — Conf. Bioche, *Dict. de proc.*, v° Saisie immob.; La Chaise, I, p. 368 et 378 ; Favard, V, p. 55).

32. — **Revue hypothécaire.** — Il est prudent d'exiger dans toute réquisition d'état sur saisie, l'indication des personnes sur lesquelles l'état est requis, ou l'énonciation qu'on le demande sur les anciens propriétaires connus du conservateur (160).

33. — **Journal des Conservateurs.** — Il convient de ne pas obtempérer à la demande d'un certificat restrictif (1193).

34. — Dalloz, Jurisprudence générale, Vente publique d'immeubles. — Le registre des transcriptions pourra faire connaître les précédents vendeurs. Et, pour les y découvrir, il suffit de prendre les noms indiqués par les ventes connues et de remonter d'acte en acte (809),… jusqu'à ce qu'on ne trouve plus de transcriptions s'appliquant aux précédents propriétaires.

35. — Jurisprudence. — La notification des poursuites en expropriation doit être faite à peine de nullité :

…1. Seulement au débiteur saisi (C. Turin, 10 juillet 1810, J. G. 809).

…2. Aux créanciers inscrits des précédents propriétaires lorsqu'ils peuvent être connus :

…*a.* Par les extraits des matrices des rôles relatés dans le procès-verbal de saisie (C. Toulouse, 29 juin 1835, J. G. 808) ;

…*b.* En consultant la matrice cadastrale (Nevers, 8 août 1849 ; Bourges, arrêt confirmatif, 13 décembre 1851, J. P. 1852. 16 ; J. C. 750) ;

…*c.* Par une inscription d'office comprise dans l'état (Versailles, 14 juin 1831 ; Paris, arrêt confirmatif, 5 juillet 1832, J. G. 808 ; C. Caen, 14 novembre 1849, D. P. 50. 2. 39 ; J. C. 614) ;

…*d.* Par les registres du conservateur, auquel une réquisition sera déposée dans ce sens (C. Bourges, précité).

36. — Le saisi peut, comme les créanciers inscrits, invoquer ce moyen de nullité, alors même que le poursuivant ayant requis « sur la personne et sur les biens » de son débiteur, entendait ainsi qu'on lui délivrât toutes les inscriptions qui frappaient les biens de ce dernier et prétendait que, s'il y avait erreur, elle procédait du fait du conservateur (C. Riom, 8 août 1815, J. P. 1815. 34) :

…*a.* A moins de circonstances particulières (Cass., 27 novembre 1811, J. G. 809) ;

…*b.* S'il était constant que le saisissant, ni par son titre, ni par les éléments que peuvent fournir les registres du conservateur, n'a pu connaître ni les précédents propriétaires, ni ses créanciers (Cass., 13 novembre 1827, J. G. 809).

37. — Lorsque le conservateur est requis de délivrer l'état des inscriptions qui grèvent « la personne et les biens du saisi », sans autre indication, l'état doit comprendre les inscriptions prises contre les précédents propriétaires connus du conservateur (Montpellier, 29 novembre 1880, J. C., 3463).

Cette formule est ambiguë et par suite la décision rigoureuse.

38. — Lorsqu'il est demandé un état sur transcription « du chef des vendeurs et des précédents propriétaires » ou simplement

« un état sur transcription », en s'exprimant ainsi, les officiers publics, — de nombreux exemples le prouvent, — n'ont l'intention de viser et ne visent réellement que les anciens propriétaires dénommés dans l'établissement de propriété. Quand le conservateur s'est conformé à leur volonté sans exiger qu'ils la caractérisent davantage, ils sont sans droit pour élever des prétentions contraires, qu'un intérêt ultérieur viendrait à faire naître.

39. — L'état sur saisie requis dans des termes restrictifs ou limitatifs doit être refusé (Vouziers, 27 novembre 1856, J. C. 1203. — V. toutefois *infra*, 78 et suiv.).

C. — Réquisitions limitatives

40. — **Direction générale de l'enregistrement.** — Une décision ministérielle transmise le 19 juin 1822, contraire à de précédentes décisions, prescrit aux conservateurs des hypothèques la délivrance d'états restreints. — V. *supra*, 17.

41. — **Mourlon.** — Les conservateurs ont été institués pour donner aux parties qui se renseignent près d'eux les indications qu'elles réclament : ils ne le doivent jamais oublier. Leurs réponses doivent donc être conformes aux demandes qui leur sont adressées. S'ils ne disent point *tout* ce que le requérant veut savoir, ils violent la loi, puisqu'ils voilent, par leur silence, les faits dont elle prescrit la publicité. S'ils disent *plus* qu'il ne leur est demandé, ils la méconnaissent encore ; car par l'excédent de salaires et de frais, dont ils imposent la charge aux parties, ils tendent à rendre la publicité plus onéreuse que la loi ne l'a faite et, par suite, moins facilement accessible qu'elle ne doit l'être.

S'il existe en droit des principes certains, celui que nous venons de rappeler en fait évidemment partie... Aux requérants et à eux seuls appartient le droit de fixer, par leur demande, l'étendue et la limite des renseignements que le besoin de leur sécurité réclame. Leur intérêt privé est ici seul en jeu ; seuls par conséquent ils en sont juges (373).

42. — **Verdier.** — La partie est libre de requérir l'un ou l'autre de ces états (*supra*, 18). Sa réquisition écrite et signée doit indiquer clairement et avec détail l'objet de sa demande, suivant qu'elle désire un état individuel, partiel, sur immeubles désignés, ou sur transcription (518).

43. — Pont, Priv. et hyp., 1re éd. — Que si le requérant s'est borné à demander un *certificat partiel*, l'état ne doit pas excéder les termes de la réquisition (1441).

44. — Laurent, Principes du droit civil français, 3e éd., XXXI. — Les certificats ou copies ne se délivrent que sur réquisition ; on ne conçoit pas que le conservateur donne des renseignements qu'on ne lui demande pas. Quand même ces renseignements seraient utiles aux parties intéressées, qu'importe ? C'est aux tiers qui s'adressent aux conservateurs de veiller à leurs intérêts (583).

Le certificat des inscriptions donne lieu à des difficultés. Un premier point est incontestable, c'est que le conservateur doit donner le certificat dans les termes de la réquisition. Le requérant peut demander un certificat général de toutes les inscriptions qui grèvent la personne avec laquelle il veut traiter et dont il a intérêt à connaître la situation hypothécaire, ou il peut demander un certificat spécial des inscriptions prises sur l'un des anciens propriétaires. Le conservateur n'a pas à s'enquérir si le certificat ainsi limité est utile au requérant ou non ; sa mission et son devoir consistent à délivrer les certificats et à donner les renseignements qu'on lui demande. Le conservateur ne pourrait refuser un certificat limité que si sa responsabilité y était engagée, mais il n'en est rien ; la réquisition écrite qui doit lui être faite le couvre entièrement. Il y a un grand nombre d'arrêts qui l'ont décidé ainsi (585).

45. — Journal de l'enregistrement. — Ce recueil reconnaît aux parties le droit de demander des états restreints (22603).

46. — Journal des Conservateurs. — Le texte du Code civil ne prête pas à l'équivoque et ne laisse aucune alternative entre la « copie des inscriptions subsistantes », ou un « certificat qu'il n'en existe aucune ». Son application rigoureuse pourrait paraître excessive en certains cas particuliers, et ne pas tenir assez compte de l'esprit de la loi, d'où la tolérance des états.... de date à date,.. sur immeuble désigné, tolérance qui ne saurait être étendue (Louis Aigoin, 3737).

47. — La jurisprudence s'est peu à peu formée en faveur des états limités et elle est aujourd'hui tellement fixée en ce sens qu'il est inutile de la critiquer (Victor Emion, 4016).

48. — Revue hypothécaire. — On ne peut trouver dans l'article 2196 du Code civil la justification des états partiels. La loi n'a prévu uniquement que l'état complet.

Que l'on admette quelques tolérances, nous n'y contredisons pas, mais qu'on ne vienne pas dire qu'elles sont inscrites dans la loi. Et ces tolérances, quelles limites auront-elles ? (Jalouzet, 37.)

D. — RÉQUISITIONS LIMITATIVES SUR TRANSCRIPTION

49. — Mourlon. — L'état sur transcription peut être requis limitativement (390).

50. — Verdier. — On a discuté sur le point de savoir si les parties qui requièrent un état sur transcription peuvent le restreindre au vendeur ou à tel précédent propriétaire qu'il leur plaît d'indiquer. La question ne saurait plus faire de doute aujourd'hui (511).

51. — Flandin. — Rien, dans la loi, ne s'oppose à ce qu'un acquéreur, qui ne veut pas se faire délivrer l'état général de toutes les inscriptions existant sur l'immeuble par lui acquis, puisse obtenir, à ses risques et périls, que le certificat qu'il réclame soit limité à telles catégories de charges qu'il indique (1288, 1289).

52. — Pont. — L'acquéreur peut tout aussi bien requérir un certificat sur transcription limité à certaines charges qu'un certificat les comprenant toutes, par exemple celles qui grèvent l'un des précédents propriétaires. Un tel état n'a d'objet que pour l'acquéreur; il est absolument étranger aux tiers, et si l'acquéreur le requiert quand il veut procéder à la purge, c'est dans son intérêt exclusif et dans un but unique, celui de se mettre en état de faire les notifications aux créanciers qui doivent les recevoir. S'il est induit en erreur par son propre fait, sur la véritable situation de l'immeuble, c'est affaire à lui seul. Le droit des créanciers qui n'auraient pas été sommés reste toujours entier et pleinement protégé.

En déclarant la responsabilité du conservateur pour les omissions commises dans les certificats ou états, les articles 2197 et 2198 se réfèrent à l'article 2196 qui exprime les obligations imposées à ce fonctionnaire, et par conséquent ils supposent une réquisition. L'article 2196 est, en effet, très explicite à cet égard, quand il dit que le conservateur est tenu de délivrer à ceux qui le requièrent copie des actes transcrits et des inscriptions subsistantes, ou certificat qu'il n'en existe pas. Mais lorsqu'une réquisition a été expressément limitée par l'acquéreur à une catégorie de charges grevant l'immeuble par lui acquis, il est vrai de dire qu'il n'y a pas réquisition en ce qui concerne les autres catégories de charges dont l'immeuble peut être grevé ; en sorte qu'il n'y a pas de prétexte à la responsabilité quand le conservateur délivre l'état dans les termes mêmes et dans la mesure où il a été demandé (*Priv. et hyp.*, 1441 ; Observ. sous Cass., 26 juillet 1859, S. 59. 1012).

53. — Aubry et Rau, Cours de droit civil français, 4ᵉ éd. — Il est loisible au requérant de restreindre sa demande aux objets ou de la renfermer dans les limites qu'il juge convenable ; et le conservateur ne pourrait l'obliger à recevoir un état plus étendu. C'est ainsi, par exemple, que le tiers acquéreur peut, en réclamant la délivrance d'un état hypothécaire, demander que cet état ne comprenne que les inscriptions existant sur tel immeuble, ou procédant du chef de l'un seulement des anciens propriétaires (III, p. 292).

53 *bis*. — Laurent. — V. 44.

54. — Journal des Conservateurs. — Lorsque le certificat est demandé avant la transcription, nul doute que le conservateur ne doive se conformer exactement à la réquisition de l'acquéreur. Son intérêt est seul en cause. Quand, au contraire, l'état est demandé après la transcription, l'objet de la réquisition de l'acquéreur est nécessairement aux yeux du conservateur la purge des hypothèques. Dès lors apparaît l'intérêt des tiers, des créanciers inscrits, et le conservateur ne doit plus agir sans consulter cet intérêt (301. — *Secus*, supra, 47).

55. — Revue hypothécaire. — Une réquisition limitative enlève à l'état sur transcription son véritable caractère et en fait un état individuel (Jalouzet, 251 ; Grenot, 504, 545).

56. — Jurisprudence. — La plupart des cours et des tribunaux admettent la légalité des réquisitions restreintes, même sur transcription, et tiennent le conservateur pour obligé d'y obéir (C. Caen, 26 décembre 1848, S. 49. 2. 609 ; J. C. 404 ; C. Angers, 23 août 1850, D. P. 50. 2. 270 ; J. C. 1408 ; Cass., 26 juillet 1859, S. 59. 1. 611 ; J. P. 59. 108) ; D. P. 59. 1.469 ; J. C. 1517 ; C. Poitiers, 2 juillet 1860, S. 61. 2. 64 ; J. C. 1638 ; Cass., 6 janvier 1891, *Pand. pér.*, 91. 6.

33; D. P.91.1. 418; *Rev. hyp.*, 746; J. C. 4137; Rapport de M. le conseiller Babinet, J. C. 4157).

57. — En sens contraire (Rouen, 19 juillet 1847, D. P. 48, 3. 15; J. C. 304; C. Bordeaux, 30 novembre 1887, *Rev. hyp.*, 251).

---

§ 4. — EXPOSÉ DES PRINCIPES RÉGISSANT LA MISSION DES CONSERVATEURS DES HYPOTHÈQUES ET L'INTERPRÉTATION DES LOIS

58. — A une époque où le commerce, l'industrie, l'agriculture, n'avaient pas encore pris le développement qui devait multiplier les transferts d'immeubles et accroître l'importance des valeurs mobilières, où la puissance du crédit foncier était inconnue, il était difficile à des législateurs inconscients des prochaines transformations de pressentir la portée de leur œuvre, de discerner la voie la meilleure. De là des hésitations, des courants contraires et, en définitive, des obscurités, des contradictions. Telle est la cause première de l'imperfection de notre régime hypothécaire.

59. — Pour ne parler que des difficultés spéciales aux fonctions des conservateurs des hypothèques, on peut citer les controverses sans cesse renaissantes concernant l'application des articles 2108, 2148, 2157, 2158, 2181, 2196, 2197 et 2198 du Code civil.

60. — Quel est le rôle du conservateur?

Concourt-il à la consolidation de la propriété d'une manière directe, personnelle, avec un certain droit d'initiative?

Ou bien demeure-t-il en toutes circonstances un agent passif, uniquement obligé d'exécuter judicieusement la volonté des parties?

61. — Voilà ce qu'il eût fallu dire pour enlever toute équivoque et maintenir l'harmonie des textes. On ne l'a pas fait; cette lacune a conduit la jurisprudence et la doctrine aux plus singulières anomalies. Pendant qu'elles font du conservateur un agent actif dans l'application des articles 2108, 2157, 2158, 2181, elles décident autrement pour les articles 2148 et 2196. Il en résulte une infinité de systèmes hétéroclites flottant au gré des circonstances.

La plupart des questions sont continuellement obscurcies par les prétentions des officiers publics, toujours conformes à leur intérêt du moment, par le défaut d'entente des conservateurs soutenant devant les tribunaux les thèses les plus opposées. Les juges, sollicités en tous sens, sans aucune expérience du mécanisme hypothécaire, rendent des décisions incohérentes et violent parfois les principes les plus élémentaires. — V. *infra*, 96.

62. — La responsabilité pénale du conservateur est restreinte par l'article 2202 du Code civil, aux cas prévus dans le chapitre X sous lequel il se trouve compris. Sa responsabilité civile (1), basée sur les articles 1382 et 1383, n'existe que pour le préjudice causé à raison des obligations qui lui incombent.

Sauf l'extension apportée à l'article 2181 par la Cour de cassation, nulle part on ne rencontre un commandement lui confiant le soin de veiller à l'accomplissement des prescriptions légales en matière de purge, d'où il faut conclure qu'il en est dispensé et que son rôle, sans être absolument celui, soit d'un administrateur ou d'un mandataire, soit d'un copiste, d'un scribe, d'un greffier-machine, se réduit à exécuter les ordres qu'il reçoit, chaque fois qu'ils ne l'obligent pas à un travail en dehors et au-delà de sa compétence, à un travail inconciliable avec la rémunération qui lui est accordée par les tarifs, à une double opération réclamée moyennant un salaire unique, à des erreurs d'interprétation qui seraient engendrées par les termes d'une réquisition ambiguë, complexe, en désaccord avec l'organisation des tables et des répertoires, la clef des recherches. — *Comp.* 89.

63. — Les diverses dispositions dont une loi se compose, s'interprètent les unes par les autres ; c'est en les combinant qu'on en découvre le véritable sens.

64. — On peut prendre pour auxiliaire les autres parties de la législation, et, par exemple, interpréter le Code civil par les Codes de procédure ou de commerce.

65. — Si les deux sens dont une loi est susceptible sont également utiles, on doit naturellement admettre, à moins que le contraire ne soit d'ailleurs démontré, que le plus conforme à l'équité est le véritable, car l'équité est le guide ordinaire du législateur.

66. — Le sens qui, à la simple lecture du texte, se présente naturellement à l'esprit, donne presque toujours la véritable pensée de la loi.

---

(1) Cette responsabilité augmente chaque jour. La mauvaise rédaction d'un certain nombre d'actes notariés, leur inexactitude dans l'état civil des contractants ; l'écriture parfois illisible des bordereaux d'inscription, leur obscurité fréquente ; les erreurs matérielles qui s'y rencontrent ainsi que dans les expéditions et les extraits ; les variations de la doctrine et de la jurisprudence, tout concourt à rendre aujourd'hui les fonctions des conservateurs des plus périlleuses.

67. — Cependant, la formule employée n'est pas toujours heureuse, il arrive quelquefois qu'elle ne reproduit pas exactement la pensée du législateur; l'esprit de la loi peut donc, dans certains cas, l'emporter sur le texte.

Mourlon, *Répétitions écrites sur le Code civil*, 1re éd., p. 58.

68. — Pour déterminer le véritable sens des termes de la loi, il faut s'attacher plutôt à la signification technique dans laquelle ils sont ordinairement employés par le législateur, qu'à l'acception qu'ils ont dans le langage vulgaire, et surtout tenir compte de l'esprit et de l'objet du texte où ils se rencontrent (*secundum subjectam materiam*).

69. — La loi est applicable à tous les cas qui, quoique non littéralement indiqués dans sa rédaction, s'y trouvent cependant virtuellement compris d'après son esprit (Aubry et Rau, III, p. 130).

70. — Par exception les lois pénales n'admettent jamais d'interprétation extensive (Mourlon, p. 59).

71. — La loi positive, par cela même qu'elle est restrictive des droits primordiaux, doit être interprétée dans le sens le plus favorable à ces droits, chaque fois qu'elle n'est pas suffisamment impérative.

72. — Les affaires ne se font pas en vue des lois, mais les lois en vue des affaires.

73. — Une conservation d'hypothèques est un bureau de renseignements dont les préposés ont été institués *avant tout* pour répondre aux interpellations du public, unique juge de ses intérêts (Le Mans, 27 mai 1856, J. C. 1930: Mourlon, *transcr.*, 384).

74. — Les fautes lourdes, les erreurs injustifiables engagent seules la responsabilité des conservateurs (Grenier, II, 531; Pont, 1444; Boulanger, *Traité des radiations hyp.*, 2e éd., 32, 36, 218 ; Cass., 19 décembre 1848, Conclusions de M. Nicias Gaillard, J. C. 430).

75. — Par la nature de ses fonctions, le conservateur est conduit à déterminer le sens parfois équivoque des actes et des inscriptions ; le faire dans le sens le plus favorable au créancier, en cas de doute sérieux, est la pratique la meilleure puisqu'elle expose à de moindres dangers et est conforme à la jurisprudence. Aucun texte néanmoins ne prescrit de préférer les intérêts du créancier à ceux du débiteur.

§ 5. — DÉDUCTIONS DE LA LOI, DE LA DOCTRINE
ET DE LA JURISPRUDENCE

76. — A l'aide des précédentes données, nous allons examiner les questions suivantes (1) :

1° Caractère propre des états sur transcription ;

2° Les réquisitions peuvent-elles être limitatives ?

3° Quel est le point d'arrêt d'un état sur transcription ?

4° A qui incombe le dépouillement de l'origine de propriété ?

5° Quelles sont les inscriptions subsistantes de l'article 2196 du Code civil ?

6° A quels signes et par quels moyens reconnaître l'identité des personnes et des biens ?

I. — CARACTÈRE PROPRE DES ÉTATS SUR TRANSCRIPTION

77. — Aucune loi n'a employé les diverses dénominations consacrées par l'usage et par la Cour de cassation pour distinguer les états suivant leur objet ; le conservateur n'a pas à les qualifier ; il suffit, pour se conformer aux dispositions de l'article 2198, d'énoncer la transcription dans les certificats requis postérieurement et de procéder en conséquence. Ces certificats sont destinés à apprendre à l'acquéreur, dans la mesure de sa demande, s'il doit, pour consolider la propriété sur sa tête et payer son prix avec sécurité, s'abstenir de toute procédure ou poursuivre la purge des hypothèques inscrites. Ils ont un

---

(1) Les livres destinés aux praticiens doivent être avant tout l'exposé de la doctrine et de la jurisprudence dominantes ; ils doivent mettre le lecteur en garde contre les sytèmes qui n'ont pas encore reçu de sanction définitive. Notre petit Traité : « Des états sur transcription », a été écrit dans cet esprit ; c'est en le perdant de vue qu'on nous attribue des exagérations qui ne sont pas les nôtres.

Il suffit, pour s'en convaincre, de rapprocher notamment :

La note de la page 90 du Traité et l'article 203 de la *Revue hypothécaire*, des pages 21 et 40 du *Supplément aux principes* ;

Le n° 171 *in fine*, des pages 14 et 15 transcrites *infra*, 99 ;

De lire l'article 3173 du *Journal des Conservateurs* et le commencement de l'article 365 de la *Revue hypothécaire*.

Il est d'anciens errements qui ne reposent sur aucun principe.

caractère spécial qui ne permet pas au conservateur d'y introduire les inscriptions dont la purge lui est dénoncée, à moins de circonstances qui impliquent un ordre formel du créancier. — V. *infra*, 91.

II. — RÉQUISITIONS LIMITATIVES

78. — Quand l'acquéreur purge sans lever aucun état, nul ne court de risques que lui-même. Comment dès lors comprendre qu'il puisse exposer quelqu'un lorsqu'il procède sur un état limité qu'il a pris soin de lever afin de compléter les renseignements qu'il tient d'une autre source ? Si des créanciers inscrits sont omis, la purge sera pour eux *res inter alios acta* (Mourlon, 390 ; Verdier, 511 ; Pont sous Cass., 26 juillet 1859, S. 59. 1. 642 ; Laurent, 585).

79. — La purge, tout en étant fondée sur un motif d'utilité générale, n'a cependant pour objet que la protection d'intérêts privés et ne touche en aucune manière à l'ordre public. *Regula est juris antiqui omnes licentiam habere his quæ pro se introducta sunt renuntiare* (Dalmbert, *Traité de la purge des priv. et hyp.*, 2ᵉ éd., p. 152, nᵒ 108. — *Contra*, Grenot, *Rev. hyp.*, 504, 545. — *Comp.* Laurent, XXXI, 415, 430, 431).

80. — La loi ne prémunit pas d'office les acquéreurs contre leurs actes volontaires ; mais le juge commissaire aux ordres commet un manquement à ses devoirs s'il couvre de son autorité une procédure irrégulière par l'insuffisance du relevé des charges.

Les notaires, institués pour recevoir tous les actes et contrats auxquels les parties doivent ou veulent faire donner le caractère d'authenticité attaché aux actes de l'autorité publique, deviennent souvent leurs mandataires ; ils s'exposent alors à une responsabilité s'ils prennent l'initiative d'une demande de renseignements incomplets.

81. — Au moment de la rédaction du Code civil, cinq années à peine s'étaient écoulées depuis la promulgation de la loi du 11 brumaire an VII. Les formalités hypothécaires accomplies dans cet entre-temps étaient trop peu nombreuses pour que le législateur se soit arrêté aux états partiels : il ne les a pas interdits. Donc, de toute évidence, les parties ne sauraient être contraintes de recevoir des renseignements qu'elles considèrent à tort ou à raison comme inutiles ou qu'elles connaissent déjà, et de supporter des frais frustratoires.

Pourquoi et comment obliger un acquéreur à demander un état

complet sur transcription? Son vendeur a pu le requérir au moment de son acquisition, peut-être même a-t-il accompli les formalités de purge, et puis où se trouve écrite l'obligation de dresser une origine de propriété? Ne pourrait-elle pas être établie ou complétée par acte distinct, de manière à ne signaler dans la vente que les précédents propriétaires sur lesquels on veut requérir, preuve manifeste de la faculté laissée aux intéressés d'agir à leurs risques et périls.

82. — Cette seule constatation met en lumière le sens véritable des articles 2196 et 2199 du Code civil. Que prescrivent-ils? de délivrer à tous ceux qui le *requièrent* copie des inscriptions subsistantes ou certificat qu'il n'en existe aucune, de ne pas retarder la délivrance des certificats *requis*, par conséquent de se conformer toujours à la *réquisition*, sous les réserves toutefois (*supra*, 62). En même temps le législateur a énoncé ce qui lui est apparu comme le *plerumque fit*. On a émis l'avis, n° 19, qu'il n'existait qu'une seule classe d'états, l'article 2198 s'y oppose.

83. — Entendu autrement (*supra*, 22) l'article 2196 ne permettrait pas de requérir les inscriptions existantes et ayant existé pendant dix ans, pendant quinze ans, ni celles subsistantes à l'expiration de la quinzaine de la transcription d'un jugement d'expropriation pour cause d'utilité publique, depuis plus de dix ans.

Selon quelques auteurs, le jugement d'expropriation ou la cession amiable précédés des formalités édictées par l'article 2 de la loi du 3 mai 1841, selon d'autres, la transcription, purgent le droit de suite. Les inscriptions prises soit avant la transcription, soit dans le délai de quinzaine en vertu d'un titre antérieur à l'expropriation, ne conservent désormais qu'un droit de préférence. Ces inscriptions, d'après les diverses opinions de la doctrine, cessent d'être soumises au renouvellement décennal... à la date du jugement ou de la cession amiable,... à partir de la transcription,... quinze jours après. Si l'expropriant, avant de payer son indemnité, veut connaître tous les créanciers inscrits, l'astreindre à prendre deux états pour une période unique est une prétention contraire au principe aujourd'hui constant de la liberté des parties (*Suppl. aux principes des états sur transcr.*, p. 26 et 39. — Herselin, J. C. 4433).

III. — PÉRIODE DES RECHERCHES

84. — Bien que l'état sur transcription doive s'arrêter, s'il n'y est expressément dérogé, à l'expiration du délai de quinzaine, pour l'exécution de la loi du 3 mai 1841, et au jour de la transcription, dans les autres cas, toute latitude est accordée au nouveau possesseur. Pourvu qu'il le requière « depuis la transcription de son titre », l'immeuble sera affranchi des inscriptions omises dans les termes de sa demande.

« Depuis » a pour étymologie la préposition « de », qui exprime une idée de point de départ « à partir de », et l'adverbe « puis », qui renferme une idée de progression, de mouvement en avant, « ensuite, dans le temps qui suit ».

Prétendre qu'un certificat, pour servir à la purge des hypothèques inscrites ou pour produire la purge des inscriptions indûment omises par le conservateur, doive être délivré à la date même de la transcription, c'est restreindre le sens grammatical du mot « depuis » à celui de la préposition préfixe, c'est refaire la loi et non l'appliquer. — (Conf. Garnier, 741. — Contra, J. C. 2062).

Quand un acquéreur se renseigne plusieurs années après la transcription, est-il admissible qu'il soit obligé de requérir à la date de cette formalité, de payer les salaires d'inscriptions dont la péremption est survenue avant qu'elles aient produit leur effet légal, et dont la connaissance n'intéresse personne.

L'article 129 de la loi belge a remplacé la condition de l'article 2108 : « que le certificat eût été requis depuis la transcription du titre du tiers acquéreur », par une disposition caractéristique, « en cas de purge », qui n'implique bien d'autre obligation que celle de ne pas lever l'état avant la transcription, c'est-à-dire avant que le tiers acquéreur ait manifesté l'intention de purger. s'il y a lieu.

Ce nouveau texte rend le sens de l'article 2108 encore « plus clair » (Laurent XXXI, 601).

85. — Sauf l'exception concernant le Crédit foncier, la période des recherches est de dix ans, même pour les inscriptions devenues permanentes, à moins que le requérant ne manifeste une volonté contraire. Les réquisitions ambiguës peuvent être refusées (*Suppl. aux principes des états sur transcr.*, p. 21, 40 et 42).

IV. — DÉPOUILLEMENT

86. — L'acquéreur est-il libre de se dispenser, par une référence aux actes transcrits, de faire le dépouillement des noms et des titres qui figurent dans l'établissement de propriété ?

Oui, d'après un usage constant, mais on objecte le silence de la loi, le danger auquel ce travail expose le conservateur, sans aucune compensation depuis la multiplicité des états restreints ; on ajoute qu'il est excessif, alors qu'il n'existe aucune disposition formelle, d'astreindre l'agent certificateur à lire une expédition entière pour trouver, par exemple, au milieu de cent ou deux cents rôles, les dates des différentes dépossessions de quelques-uns des précédents propriétaires sur lesquels seuls il est requis. Ces derniers motifs sont péremptoires. — V. *supra*, 62.

87. — La solution change lorsqu'il s'agit d'un état complet. Qu'arriverait-il en cas de refus ? Les parties se borneraient le plus souvent à reproduire l'origine de propriété dans la réquisition. Le seul droit du conservateur est d'exiger une précision suffisante. La décision du tribunal d'Abbeville (*supra*, 29) recevra son application dans les circonstances qu'elle prévoit.

88. — Il arrive parfois aux intéressés de requérir sur tous les précédents propriétaires connus du conservateur. L'article 692 du Code de procédure civile l'autorise implicitement. C'est souvent le seul moyen mis à la disposition du saisissant de connaître, malgré le mauvais vouloir du saisi, les créanciers inscrits auxquels doivent être faites les notifications du dépôt au greffe du cahier des charges.

Dira-t-on que le poursuivant peut obtenir ce résultat en demandant la copie des transcriptions des actes d'acquisition portées au compte de son débiteur, des transcriptions de même nature révélées par celles-ci, et ainsi de suite ? Ce serait imposer des frais considérables, et cela arbitrairement, puisque la loi ne défend pas de recourir à un autre mode d'information. — V. *supra*, 30 et suiv.

Pourquoi n'en serait-il pas de même, en matière d'états sur transcription, quand les acquéreurs se trouvent dans la nécessité d'user de cet expédient ?

V. — INSCRIPTIONS SUBSISTANTES

89. — Le conservateur n'a à apprécier ni la validité ou l'efficacité des inscriptions, ni la régularité des déclarations de leur renouvellement ; il ne lui est pas permis de substituer sa propre volonté à celle des parties, de diriger en quelque sorte leur action, en un mot de s'imposer. Simple agent d'un bureau de renseignements, sa mission se réduit à le gérer, conformément au but de son institution, avec exactitude et intelligence, avec une connaissance élémentaire des règles du droit, admises par une jurisprudence ferme. — *Comp.* 62, 73.

80. — Il délivrera les inscriptions prises nommément sur un immeuble après dépossession.

91. — Il acceptera comme exactes et définitives toutes les énonciations des inscriptions et des transcriptions régulièrement copiées sur ses registres. Ceux-ci, combinés avec les réquisitions constituent, sans aucune distinction, au profit des tiers et contre eux, la base unique des renseignements hypothécaires. Il rapprochera des dates de dépossession rappelées dans la réquisition ou dans l'origine de propriété, les inscriptions judiciaires ou conventionnelles contenant une clause de généralité, pour discerner celles compréhensives de l'immeuble.

C'est là un des signes distinctifs de l'état requis « depuis la transcription ». Le contester, c'est faire table rase d'une pratique justifiée par une longue suite de décisions judiciaires, rendues dans des conditions tellement démonstratives de la légalité des états sur transcription et de l'inanité des prétentions contraires, que les défenseurs de ces prétentions n'ont jamais osé les produire devant les tribunaux. Les difficultés sont nées à l'occasion d'inscriptions, dont le sens a toujours été déterminé, quand l'immeuble n'y était pas visé spécialement, en tenant compte de la transcription. N'est-ce pas là une reconnaissance implicite, formelle, irrécusable, de ces états spéciaux ?

On oppose quelques jugements isolés, qui confondent les inscriptions prises après partage avec celles antérieures.

L'hypothèque, par l'effet déclaratif du partage, s'anéantit rétroactivement comme consentie *a non domino*, lorsque l'immeuble sur lequel elle pesait échappe totalement au débiteur pour aller à l'un des autres copartageants ; mais c'est au créancier seul à examiner les résultats du partage, à apprécier si réellement il a encouru la déchéance de son droit. L'inscription survit à la perte de la garantie. Le conservateur imprudent, qui omettrait une inscription préexistante, serait responsable du préjudice causé au créancier par cette omission en cas d'annulation ultérieure du partage.

La situation est différente, quand le partage précède l'inscription, puisque celle-ci apparaît à une époque où l'indivision a cessé, où chaque attributaire est réputé n'avoir jamais été propriétaire des immeubles attribués à ses copartageants. Qu'importe ensuite la survenance de résolutions ?

Le rôle du conservateur consiste, — on ne saurait trop le redire, — à fixer le sens matériel des inscriptions d'après les renseignements de toute nature qui lui sont produits, seul critérium des inscriptions existantes. C'est au créancier, comme dans l'espèce portée devant la Cour de Riom, s'il redoute des résolutions, s'il tient comme non avenues toutes dépossessions, toutes transcriptions, toutes purges effectuées, à agir en conséquence dans l'acte de manifestation du gage qu'il revendique. Son silence couvre le conservateur. La loi n'a pas voulu laisser indéfiniment en suspens au regard de celui-ci, simple préposé à la constatation, au rapprochement des faits soumis à son examen. les conséquences immédiates des formalités qu'elle a prescrites précisément pour faciliter la libre circulation des biens. Aux ayants droit, s'ils le jugent utile à leurs intérêts, de prendre leurs précautions contre toutes éventualités, de produire leur volonté d'une manière précise. Aucune initiative n'appartient à l'agent certificateur ni pour l'étendre, ni pour la restreindre.

Les termes des articles 2196 et 2198 du Code civil, l'esprit de la loi, les tendances des tribunaux et de la Cour suprême, d'après leur jurisprudence la plus récente, rendent aujourd'hui plus téméraire que jamais toute tentative en vue de la suppression des états sur transcription (*Des états sur transcr.*, 178, 186, p. 110; Garnier, *Rép. gén.*, 730; *Revue hyp.*, Beauvallet, 1165, 1184; René Lambert, 1209; J. C. Herselin, 4124, p. 20; Boulanger, 23, p. 28, 166, 416; Laurent, XXXI, 587. — *Contra*, Victor Emion, J. C. 2672; Jalouzet, *Rev. hyp.*, 1182).

92. — Quant aux inscriptions d'hypothèque légale, jusqu'à ce que soit définitivement établie la jurisprudence inaugurée par la Cour de Montpellier le 4 août 1890 (*Rev. hyp.*, 929) en faveur de leur interprétation grammaticale, la seule rationnelle (*Des états sur transcr.*, 219), le conservateur prendra en considération, pour fixer la signification variable et circonstancielle de certaines expressions (*supra*, 68), la purge qui lui aura été signalée (*Des états sur transcr.*, 183 et suiv.; *Suppl. aux principes*, p. 35 et 36; *Rev. hyp.*, 33, 53, 542).

93. — Un arrêt de la Cour d'Alger, du 10 décembre 1884 (J. C. 4110; *Rev. hyp.*, 806), l'a ainsi résolu dans une espèce où une inscription d'hypothèque légale avait été prise au profit de mineurs sur « les biens présents et à venir » de leur père, après la transcription d'un jugement d'adjudication sur saisie réelle, au préjudice de ce dernier, d'une maison revendue par acte authentique sur la transcription duquel cette inscription avait été délivrée :

« Attendu...; qu'aux termes de l'article 717 du Code de procédure civile, la transcription du jugement d'adjudication purge toutes les hypothèques...;

« Attendu que..., d'ailleurs, l'inscription n'avait pas été requise sur cette maison... »

« Ce jugement, dit M. Jalouzet, est parfaitement motivé. En effet, dès qu'on admet que le conservateur doit fournir un état sur transcription, il faut décider forcément qu'il ne doit comprendre dans cet état que les inscriptions existant valablement; par suite, il doit en éliminer celles qui n'avaient pas d'effet au jour de la formation de l'inscription, notamment dans le cas où les immeubles grevés n'appartenaient plus au débiteur.

« S'il s'était agi d'un état individuel ou sur certains immeubles, la solution n'eût pas été la même puisque le conservateur n'aurait pas eu à comparer la date de la transcription avec celle de l'inscription. »

La portée générale de cette observation dépasse certainement la pensée de l'arrêtiste. L'inscription eût dû être maintenue si l'immeuble s'y était trouvé désigné ou englobé.

94. — Depuis la loi du 13 février 1889, on ne doit plus s'arrêter à un jugement du tribunal de Sens, du 27 décembre 1872 (J. C. 2749), ayant statué qu'une inscription d'hypothèque légale, à la requête des héritiers de la femme sur « tous les biens présents et à venir », ne comporte la pensée d'aucune restriction et s'étend, nonobstant la transcription antérieure du contrat de vente, aux immeubles de communauté aliénés par les deux époux conjointement, moyennant des prix déclarés payés comptant.

95. — Seraient compréhensives de l'immeuble les inscriptions ou subrogations d'hypothèque légale, postérieures à la purge, sur « tous les biens que le débiteur possède, *a possédé* et possèdera », et autres analogues, mais non celles formalisées sur « tous ses biens » ou sans aucune indication relative aux biens.

Dans ces deux derniers cas, le sens technique de l'inscription ne saurait être exactement déterminé si l'on fait abstraction de la purge.

96. — Un jugement du tribunal de Confolens, du 13 août 1892 (*Rev. hyp.*, 1043), mérite une mention spéciale.

Suivant acte du 11 mai 1892, transcrit le 21 du même mois, les consorts Quenouille ont vendu à Saingarraud, notamment une parcelle déclarée acquise du sieur Pintaud de Bourdelière, aux termes d'un contrat des 16 et 17 décembre 1855, transcrit le 23 avril 1857.

Pintaud est décédé le 8 mai 1880.

Sa veuve a inscrit son hypothèque légale le 21 décembre 1888 en vertu de la loi, et de son contrat de mariage du 24 novembre 1856.

Cette inscription a été délivrée sur la transcription de la vente du 11 mai 1892.

Le tribunal l'a maintenue :

« Attendu que la réquisition de la dame Pintaud de Bourdelière, telle qu'elle était formulée, emportait inscription d'hypothèque, non seulement sur les immeubles compris dans la succession du sieur Pintaud de Bourdelière, mais encore sur ceux qu'il avait pu posséder à partir de la célébration du mariage et qu'il avait aliénés depuis ;

« Que la réquisition dont s'agit et l'inscription qui en avait été la suite n'avaient pas, il est vrai, été effectuées dans l'année qui avait suivi la dissolution du mariage ; mais que cette circonstance n'enlevait pas à l'hypothèque de la dame Pintaud de Bourdelière son caractère d'hypothèque légale, qu'elle en restreignait seulement les effets et dans la mesure indiquée par l'article 8 de la loi du 23 mars 1855 sur la transcription ;

« Que l'inscription, quoique tardive, de cette hypothèque légale n'en constituait pas moins une inscription subsistante dans le sens que l'article 2196 du Code civil attache à ce mot, que le conservateur des hypothèques, tant que cette inscription n'était pas périmée ou radiée, du consentement des intéressés ou par décision de justice passée en force de chose jugée, était en principe tenu de la mentionner sur l'état d'inscriptions qui aurait pû lui être réclamé sur tout ou partie des immeubles que le sieur Pintaud de Bourdelière possédait au jour de son décès, ou avait possédés à partir de la célébration de son mariage. »

Puis le tribunal ajoute que le conservateur, tout en ayant agi dans la limite de son droit, aurait pu se dispenser de donner cette inscription, sans encourir aucune responsabilité.

« Nous croyons, écrit M. Jalouzet, que le conservateur avait, non pas le droit, mais le devoir de délivrer une inscription existante, et il est impossible d'admettre la thèse du tribunal. Lorsqu'il s'agit de formalités hypothécaires, les prescriptions sont impératives et non facultatives. »

Comment concilier cette opinion avec celle émise par le même auteur, article 1122 de la *Revue hypothécaire* :

« Il n'y a plus aujourd'hui de distinction à faire, il faut délivrer les inscriptions prises après la transcription, A MOINS QU'ELLES NE SOIENT LIMITATIVES. »

Comment concilier cette dernière opinion avec cette autre (art. 889) :

« Que le conservateur ne délivre pas une inscription d'hypothèque générale prise après la transcription, nous l'admettons ; c'est le cas de l'arrêt d'Alger du 10 décembre 1884 (*supra*, 93) que nous avons approuvé. »

L'inscription contestée a été requise sur « tous les immeubles dépendant de la succession du sieur Pintaud de Bourdelière, situés dans le ressort du bureau », ce qui exclut ceux vendus antérieurement à son décès et dont il était régulièrement dépossédé.

Il y a plus, avant le 1er janvier 1856, date de la mise à exécution de la loi de 1855, aucune hypothèque, née après une aliénation, ne pouvait atteindre les immeubles qui en avaient été l'objet (*supra*, 3 et 4). Or, la vente consentie par le sieur Pintaud est des 16 et 17 décembre 1855, et son contrat de mariage, du 24 novembre 1856. L'inscription du 21 décembre 1888 demeure donc sans aucun rapport avec un immeuble sorti du patrimoine du débiteur avant la naissance du droit hypothécaire.

Existe-t-il dans les annales judiciaires une violation plus flagrante de la loi ?

VI. — IDENTITÉ DES PERSONNES ET DES BIENS

97. — La règle constitutive de cette identité est établie dans un arrêt de la Cour de cassation du 26 avril 1882 (D. P. 82. 1.331 ; S. 82. 1.351 ; J. C. 3436) :

« Il importe peu que, prises isolément, la réquisition et l'inscription soient régulières, en ce sens qu'elles seraient conformes, l'une à l'acte de vente transcrit, l'autre au titre du créancier, si les indications de l'une et de l'autre, même rapprochées et combinées, demeurent insuffisantes pour établir que le vendeur et le débiteur sur lequel une inscription a été prise, ne sont qu'une seule et même personne.

« La loi n'impose point au conservateur l'obligation de compléter, à l'aide de recherches extrinsèques ou de connaissances personnelles, les actes et les bordereaux à lui remis, et de suppléer aux indications des réquisitions et des inscriptions par des inductions tirées d'analogies plus ou moins apparentes, ou de comparaisons plus ou moins faciles à faire entre l'état des personnes et la situation des communes de leurs domiciles. »

« Recherches extrinsèques », qu'est-ce à dire?

98. — Dans un sens restrictif, il suffit de comparer matériellement la réquisition, la transcription, avec une inscription déterminée. En voici les résultats :

Pasquier (Gilbert), marchand de vin à Montluçon, n'est pas le même individu que Pasquier (Gilbert), négociant en vins à Montluçon (*Rev. hyp.*, 13, p. 43. — *Comp.* Legrand, *Des états d'inscr. hyp.*; Garnier, *Rép. gén.*, 772).

Pas d'identité non plus :

Entre Girard (Louis), marchand de poisson, de marée et de légumes ;

Girard (Louis), marchand de poisson ;

Girard (Louis), marchand de marée ;

Girard (Louis), marchand de légumes ;

Demeurant à Bar-sur-Seine, Grande-Rue.

Entre Loquet (Marie-Thérèze), épouse de Bernard (Jean)

Et Loquet (Marie-Thérèse), épouse de Bernard (Jean).

Entre Maréchal (Marie-Jean-Romuald-Auguste-Valère), notaire à Bar-sur-Seine ;

Et Marechal (Marie-Jean-Romuald-Auguste-Valère), notaire à Bar-sur-Seine.

C'est, en présence des différents modes de désignation prévus par le Code civil, rendre la plupart du temps sans objet des inscriptions régulières, et illusoires des renseignements puisés à leur source légale.

99. — L'interprétation extensive procède du rapprochement des textes.

La détermination du débiteur par ses nom, prénoms, domicile, sa profession, s'il en a une connue,... ou « par une désignation individuelle et spéciale, telle que le conservateur puisse le reconnaître et distinguer dans tous les cas » (C. civ., 2148),... ou « par sa désignation précise » (art. 2153), constitue l'une des conditions de la validité des inscriptions, de même que, pour celles conventionnelles, « l'indication de l'espèce et de la situation des biens ». Il n'est pas question de leur contenance.

D'un autre côté, l'article 2197 n'exonère le conservateur des omissions commises dans ses certificats que si l'erreur provient « de désignations insuffisantes » qui ne pouvaient lui être imputées.

Ces tolérances, ces diverses expressions indéfinies sembleraient indiquer une conception peu nette des fonctions du conservateur, qui, lui, ne peut reconnaître les personnes ou les immeubles que par une entière conformité de leurs désignations. Peut-être le législateur a-t-il pensé que, dans beaucoup de cas, il serait difficile au créancier comme au requérant, de savoir l'état civil des parties, leurs différents prénoms, leurs professions et domiciles successifs, les dénominations multiples d'un même immeuble. Quelle que soit la cause déterminante des dispositions de la loi, elles existent et doivent être appliquées avec les moyens d'exécution, institués par l'article 18 de la loi du 21 ventôse an VII, les circulaires de la régie des 24 germinal an VII, n° 1539, et 6 prairial an VII, n° 1578, et par les instructions des 11 messidor an XII, n° 233, p. 17, et 22 juillet 1839, n° 1593, qui ont établi ou maintenu le répertoire, les tables et le registre indicateur.

Les énonciations de la réquisition et les tables sont la base de toute recherche. Pour la poursuivre, il est nécessaire qu'une concordance subsiste entre les dénominations contenues dans la réquisition et celles d'un individu porté aux tables (1). Mais lorsque cette con-

---

(1) En fait, par suite de la situation actuelle des tables, cette règle, la seule juridique, est pratiquement insuffisante.

cordance se rencontre, rejeter les nouvelles révélations qui apparaissent serait se méprendre sur la signification des facilités accordées par les articles 2148, 2153 et 2197 du Code civil. La confusion est venue de certaines exagérations, de certaines décisions arbitraires et abusives.

L'agent certificateur n'est appelé à venir en aide aux tiers que d'une manière accessoire, accidentelle. La réquisition seule est sa loi jusqu'à ce que, — par l'effet intrinsèque d'une recherche limitée à l'origine, dans son mode, aux désignations fournies, — des inscriptions, ou bien encore l'indicateur, les tables et les répertoires (1), qui sont destinés à être l'image partielle, mais exacte, des inscriptions et des transcriptions, lui livrent et lui imposent des identités clairement démontrées. Cette démonstration n'est pas à sa charge.

100. — Un seul exemple : Une famille du nom de Cinget est généralement connue sous celui de Valton. Différentes inscriptions ont été prises contre l'un des enfants sous le nom, tantôt de Cinget, tantôt de Cinget dit Valton, et plus souvent encore de Valton, mais toujours avec les mêmes prénoms, profession et domicile. Que l'on requière contre Cinget ou contre Valton, toutes ces inscriptions seront délivrées, ce qui n'aurait pas lieu s'il suffisait de comparer la réquisition avec une inscription déterminée ; ainsi dans tous les cas identiques ou analogues, qu'il s'agisse de prénoms, de professions, de domiciles ou d'immeubles.

101. — Les désignations complémentaires qui sont le produit d'une recherche inévitable, résident *intra* et non *extra*. Extrinsèques à la teneur de la réquisition, ces désignations ne le sont pas à la recherche, puisque, s'étant présentées d'elles-mêmes, elles

---

(1) Nous supposons ces tables exactes et complètes, mais ne contenant aucun renseignement dû aux connaissances personnelles du conservateur. Celui-ci, évidemment responsable des conséquences de leur irrégularité, n'est pas au contraire tenu d'avoir égard aux indications puisées en dehors des inscriptions et des transcriptions, qui demeurent le critérium de sa responsabilité. La question se réduit à considérer s'il n'a pas été omis d'inscriptions conformes aux dénominations de la réquisition ou à d'autres dénominations déclarées concerner la même personne ou les mêmes biens, et rencontrées forcément.

Cet examen et son résultat n'ont aucune influence sur la validité des inscriptions. A cet égard, la loi demande une désignation du débiteur, précise et notoire, n'importe par quel moyen : une désignation individuelle et spéciale, une désignation telle que nul ne puisse s'y méprendre (Pont. 978).

Toute désignation qui individualise suffisamment le débiteur, valide de ce chef et par elle-même l'inscription. Au contraire, la responsabilité du conservateur dépend du rapport existant entre la réquisition et les inscriptions, de l'application faite des renseignements divers procurés par ces rapprochements, ceux obligatoires, en un mot, de circonstances toujours variables et relatives (*Comp.* Aubry et Rau., III, p. 296).

Ainsi disparaît toute contradiction entre les articles 2148, 2153 et 2197 C. civ.

coexistent en dedans de la recherche, lui sont inhérentes par le fait de son mécanisme et en résultent par essence.

Des identités, surgissant spontanément dans des documents *conformes à la réquisition*, venant pour ainsi dire au conservateur malgré lui, sont à considérer comme écrites dans la réquisition (Montélimar, 12 août 1893, J. C. 4431, Observ. contraires).

Peut-on même dire que les qualifications de journalier, manœuvre, manouvrier, tâcheron, domestique, gagiste, charretier, cocher, laboureur, cultivateur, fermier, métayer, colon, propriétaire; que les nuances signalées *supra*, 98, et d'autres encore, différencient suffisamment à elles seules les personnes ?

102. — Ce n'est pas l'avis de M. Laurent, tome XXXI, n° 604 :

« Aux termes de l'article 128 (C. civ., art. 2197), les conservateurs ne sont pas responsables du défaut de mention, dans leurs certificats, d'une transcription ou d'une inscription, quand l'erreur provient de désignations insuffisantes qui ne pourraient leur être imputées... Comme LA DIFFICULTÉ EST TOUJOURS DE FAIT, nous nous bornerons à donner quelques exemples empruntés à la jurisprudence de la Cour de cassation.

« ... DANS CET ÉTAT DES FAITS, dit la Cour de cassation...

« A plus forte raison le conservateur est-il sans faute quand il s'agit de noms d'une langue étrangère ; il doit s'en tenir, DANS CE CAS, littéralement aux noms... »

Jusqu'à ce qu'il soit prescrit de désigner les personnes à l'aide des actes de naissance, et les immeubles au moyen du cadastre, cette interprétation demeurera justifiée. Rencontrerait-elle des contestants si on l'appréciait pour ce qu'elle est, sans la dénaturer comme le font les tribunaux, les parties et les agents eux-mêmes?

Beaucoup de conservateurs, dans l'intérêt des créanciers, dépassent la limite des investigations légales, et déchiffrent parfois de véritables logogriphes. Ce n'est pas un motif pour donner à l'article 2107 du Code civil une extension qu'il ne comporte pas.

§ 6. — CONCLUSION

103. — En résumé, le conservateur est dispensé de qualifier les certificats qu'il délivre.

Les états restreints sont autorisés (v. toutefois *supra*, 62) ; ceux remis sur contrat transcrit demeurent des états sur transcription.

Les recherches, sauf pour les inscriptions du Crédit foncier, doivent toujours être limitées à dix ans, à moins d'indication contraire.

Une réquisition sur les précédents propriétaires connus du conservateur par ses registres, n'a rien d'illicite.

Le dépouillement de l'origine de propriété ne lui incombe que pour les états complets.

Les inscriptions subsistantes sont celles matériellement existantes dans les termes de la demande, clairement formulée et complétée, pour la détermination de l'identité des personnes et des biens, par les révélations des documents conformes à la réquisition.

Les dépossessions d'apparence parfaites et définitives et les différents modes de purge révélés au conservateur par la réquisition et l'origine de propriété lui sont opposables, nonobstant toute éventualité de résolution ou rescision, chaque fois que l'immeuble n'est pas spécialement désigné ou englobé dans l'inscription.

104. — Le jour où les conservateurs le voudront, les questions indécises seront vite résolues : il leur suffit de s'entendre, d'user de bons procédés. Que tous donc fassent partie de la Bourse commune et de l'Assurance mutuelle (1). Pourquoi le Comité de la Bourse commune ne ferait-il pas un chaleureux appel à tous les membres de la corporation ? Pourquoi, sans attendre de nouvelles adhésions, ne pas provoquer de sérieuses consultations de nature à ramener l'uniformité dans la pratique hypothécaire et à impressionner les officiers publics et les tribunaux par l'autorité des juristes consultés, par l'évidence des démonstrations ?

La *Revue hypothécaire* et la Bourse commune, d'accord avec le *Journal des Conservateurs*, peuvent rapidement effectuer ce qu'un siècle entier a été impuissant à accomplir parce qu'il ne s'y est ren-

---

(1) Cette dernière institution a qualité seulement en matière de sinistres.

contré personne, doué d'une initiative suffisante et résolu à changer la vieille méthode, celle des controverses sans issue.

Loin d'ambitionner le triomphe d'idées personnelles, nous souhaitons que celles de nos contradicteurs deviennent le fondement de l'unité d'action, seule capable de mettre fin à la confusion actuelle, profitable seulement à ceux qui la considéreraient comme une source de salaires équivoques.

Au soutien de leurs prétentions, les conservateurs invoquent un intérêt d'ordre public dans bien des cas où il n'est pas en cause et où ils n'en ont pas la garde. Que de conflits évités s'ils se concertaient pour faire prévaloir, avec une nouvelle classification des bureaux, le principe de traitements fixes et de frais de gestion appropriés à la résidence. Combien ce mode de rémunération serait en outre préférable, pour le plus grand nombre, à celui existant. Il importe de mettre sous les yeux du Parlement et du public les émoluments nets de chaque agent de l'Etat, au lieu d'entretenir, par des chiffres fictifs, des préventions mal fondées, et de laisser dans l'ombre de nombreuses iniquités.

Que dire des pensions de retraite, des inégalités choquantes créées contre les conservateurs des hypothèques au profit des autres administrations financières (J. C. 3840)? que le temps accroît l'injustice par sa durée; que les revendications les plus légitimes restent stériles quand elles demeurent isolées.

A rapprocher des articles 1122, 1165, 1179, 1182, 1184, 1196, 1204 et 1209 de la *Revue hypothécaire.*

DESACIDIFIE
à SABLE : 1994

TOURS IMPRIMERIE PAUL BOUSREZ.

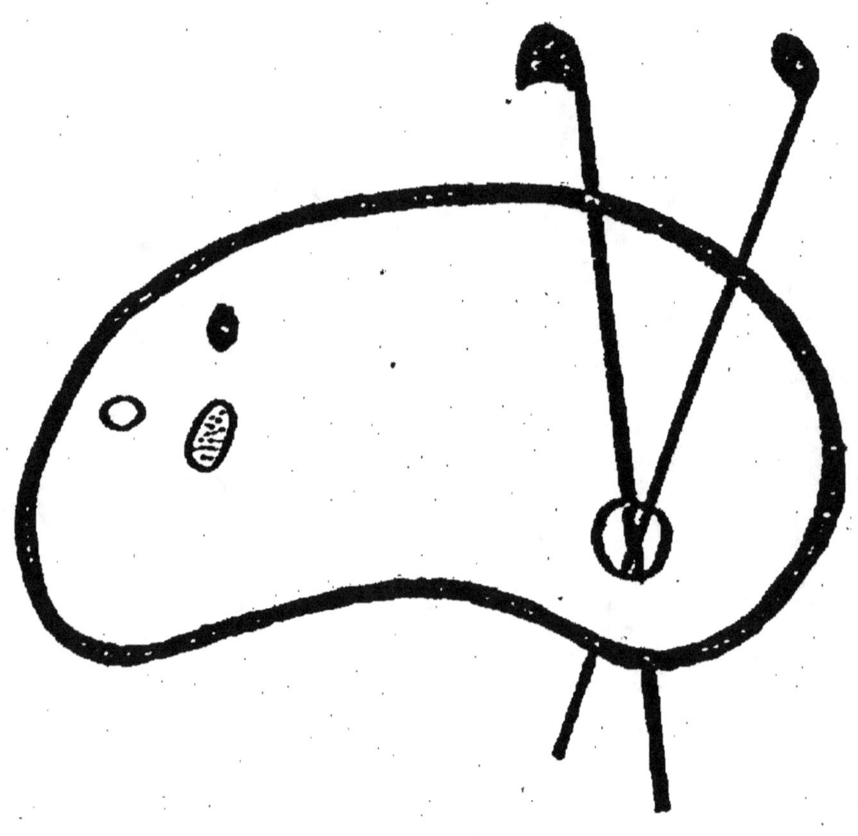

ORIGINAL EN COULEUR
NF Z 43-120-8

www.ingramcontent.com/pod-product-compliance
Lightning Source LLC
LaVergne TN
LVHW020555060726
842525LV00004B/1448